DE LA LOIRE

AU-DESSUS

DE BRIARE.

DE LA LOIRE

AU-DESSUS

DE BRIARE;

APERÇU DES AVANTAGES QUI RÉSULTERAIENT POUR LE
COMMERCE, L'AGRICULTURE ET LA DÉFENSE DU PAYS,
DE L'OUVERTURE D'UN CANAL LATÉRAL A CETTE
RIVIÈRE;

PRÉCÉDÉ

D'OBSERVATIONS SUR L'ESPRIT

DU

PROJET DE LOI SUR LES CANAUX;

PAR J.-J. BAUDE.

PARIS.

DE BUSSCHER, IMPRIMEUR.

———

1822.

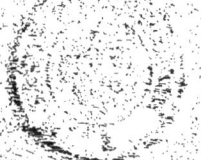

PROJET DE LOI
SUR LES CANAUX.

Le *Rapport de* 1820 *sur la Navigation inté-rieure*, si fort de faits et de raisonnement, a semblé devoir marquer le commencement d'une nouvelle ère de prospérité pour la France; le système de concession créé chez nous, et auquel l'Angleterre doit l'étonnant spectacle de son industrie et de son agriculture, nous promettait des résultats plus grands encore. Le gouvernement a provoqué de toutes parts les entreprises; ses soins ont été presque partout infructueux. A l'une des époques les plus remarquables de l'histoire de la richesse publique en France, on n'a pu former aucune de ces grandes associations auxquelles dans des temps bien moins favorables on a dû les canaux du Languedoc, de Briare, du Loing, d'Orléans. Les lumières, les capitaux manquent-ils donc aujourd'hui en France? Loin de là, jamais les ingénieurs ne furent plus nombreux, plus instruits, plus expérimentés; jamais les capitaux ne s'offrirent avec plus d'abondance à tous les emplois qui présentent quelque sécurité : il faut donc chercher ailleurs les causes de ce silence presque universel contre lequel est venue

I

s'amortir l'impulsion que voulait donner le gouvernement.

Peu d'entreprises exigent des études plus vastes que celles des canaux, et les tenter en se dispensant de ces études, c'est ouvrir une carrière de chances au terme de laquelle aucune fortune, aucune association, si puissante qu'elle soit, ne peut se flatter de parvenir; cette considération devait produire tout son effet sur une nation qui devient sérieuse et calculatrice. Personne ne veut exposer l'avenir de sa famille, et ce serait un patriotisme fort mal entendu que celui qui s'aventurerait légèrement dans de si grands travaux.

L'ambition bien naturelle de concourir au succès des grandes vues du bien public consignées dans le *rapport* de M. Becquey a dirigé mon attention sur les avantages de la navigation à établir le long de la Loire, et j'en ai fait la matière du mémoire que les mêmes motifs me font aujourd'hui publier pour la seconde fois. Beaucoup de calculs, basés sur des faits aussi bien observés que me l'ont permis le temps et ma position, m'ont convaincu que le bonheur de rendre un grand service à leur pays ne serait pas la seule récompense de ceux qui se livreraient à cette grande entreprise : cependant, mesurant la responsabilité qu'un pareil travail impose à ceux qui le tentent vis-à-vis de leur famille et de leurs associés, je m'étais borné, après avoir tracé le tableau de cette navigation, *à ap-*

peler l'attention sur les vastes et intéressantes études qui doivent préparer l'adoption d'un projet si
éminemment utile, et je m'étais abstenu de donner des calculs dont les élémens n'ont pas pu être
vérifiés avec la scrupuleuse exactitude qui permet
seule à un homme consciencieux d'écarter les
formes peu rassurantes du doute. Les travaux de
MM. Huerne de Pommeuse, de Prony, Gauthey,
Boistard, sur une partie de cette ligne de navigation, ne m'étaient d'ailleurs point encore connus.

Si aucun des grands canaux mis au concours,
et particulièrement celui de la Loire, n'a été l'objet de soumissions acceptables, il faut surtout l'at-
tribuer à ce que la nation, encore peu habituée à
ce genre d'entreprises, a besoin pour en apprécier les chances et les résultats de plus d'études et
de réflexions que n'en permettait le temps qui s'est
écoulé entre la mise au jour des projets et l'adjudication.

Un premier avis a été publié en septembre; il
a donné lieu à plusieurs soumissions, mais embarrassée par la diversité des conditions l'administration a tranché la difficulté d'un choix en an-
nonçant le 19 mars un concours qui devait se
fermer le 4 avril suivant, et dont toutes les conditions étaient *invariablement fixées*, ce qui a dû
renverser la plupart des combinaisons des sou-
missionnaires. Pour beaucoup d'habitans du département des Bouches-du-Rhône, où doit s'exé-

cuter le canal d'Arles à Bouc, c'était à peine le temps de recevoir l'avis et de monter dans la malle-poste pour arriver à Paris le matin de l'adjudication. Comment dans un si court espace de temps faire ou vérifier des projets sur lesquels les plus habiles commettent de si graves erreurs ? Comment apprécier les ressources et les besoins réciproques des pays que réunira la navigation, les rapports auxquels elle donnera lieu, les concurrences à subir, l'état actuel du commerce, les nouvelles directions qu'il peut prendre, en un mot les élémens des dépenses et des recettes du canal ? Et quand tous ces documens seraient recueillis, comment réunir instantanément le concours de volontés et de capitaux nécessaire pour l'exécution de si vastes projets ?

Telles sont les causes qui ont éloigné du concours les deux associations de France qui peut-être avaient le plus de gages et donnaient le plus de motifs de sécurité. Les propriétaires du canal de Briare ont voulu former le noyau d'une compagnie exécutante pour le canal latéral à la Loire, *mais on a été obligé de reconnaître l'impossibilité d'avoir, dans le temps donné, le nombre d'actionnaires nécessaire.* (Huerne de Pommeuse, pag. 492.)

La compagnie des canaux de Paris a fait, en temps utile, une soumission précise pour ce canal; mais l'aspect des chances auxquelles elle s'ex-

posait lui a fait demander, parmi plusieurs garanties très-raisonnables, des dédommagemens
auxquels il était impossible de souscrire ; telle est
la clause en vertu de laquelle les deux cinquièmes
de la plus value de toutes les propriétés, dans
l'étendue de 5 kilomètres du canal, lui auraient
été adjugés, en outre de celle des dessèchemens.

L'administration, qui peut toujours perdre sans
jamais se ruiner, n'est pas obligée à tant de cir-
conspection, et si ce qu'elle commence s'achève
si chèrement et si lentement, cette circonstance
n'y est certainement pas étrangère ; elle trouve sa
marche entravée par des difficultés qu'elle ne s'é-
tait pas embarrassée de prévoir. Cette prompti-
tude à entreprendre est l'apanage séduisant de
ceux dont les vues sont les plus droites, qui em-
brassent le bien public avec le plus de chaleur.
Ainsi l'administration actuelle, tout en nous mon-
trant comme un prodige les Anglais faisant en
quarante ans 900 lieues de canaux par la force
de l'esprit d'association qui nous manque encore,
tout en constatant l'insuffisance des moyens exis-
tans chez nous, s'est chargée dans l'avant dernière session de plus de 180 lieues de navigation,
et elle demande que dans celle-ci on la charge
d'en faire 372 *. Tout l'esprit d'association de

---

* La longueur des canaux mentionnés dans le projet de loi
est de 1,514,516 m., ou 381 lieues, y compris 35,000 m. pour
lesquels il s'est trouvé une compagnie exécutante.

l'Angleterre pourrait-il répondre à ces appels gigantesques ; et quand on nous les adresse à notre début dans la carrière, ne donnons-nous pas une preuve de bon sens en gardant le silence ?

Osons d'ailleurs le dire, si les chances attachées à de pareilles entreprises, et que le temps ne permettait pas de calculer, ont dû éloigner tous les hommes prudens, l'examen du cahier des charges était peu propre à les attirer.

On veut que les compagnies exécutantes se conforment aux *plans et projets généraux et particuliers qui sont ou* SERONT APPROUVÉS *par le directeur général des ponts et chaussées* (art. 1er). Il est impossible de calculer où peut conduire un pareil engagement ; aussi l'administration entend-elle *qu'on ne puisse pas se prévaloir de ses estimations pour réclamer aucune espèce d'indemnité en cas d'excédant de dépense.* Soit ; mais il faut laisser à la compagnie le choix des moyens d'exécution puisqu'elle est responsable, et il suffit de bien déterminer le but à atteindre.

La clause imposée est du reste une conséquence du système de concession temporaire et du retour de la propriété du canal au gouvernement ; cela suffisait pour éloigner les concurrens les plus honorables ; des concessionnaires à temps ne sont que des entrepreneurs soumis à tous les dégoûts du métier : on a dit que la concession séculaire équivalait à la propriété perpétuelle : pour un individu, oui; mais pour une famille, non; et si la propriété, si la stabilité des fortunes sont au nombre des plus solides bases de l'ordre politique, rien n'est moins d'accord avec le soin de fonder dans un état des institutions durables, que ces transactions où l'avenir est compté pour rien. Le moyen de tirer des compagnies de canaux un grand bien moral et politique n'est pas d'en faire la matière de nouveaux jeux de bourse. On voit dans ce même article 10 que les terrains achetés par la compagnie reviendront gratuitement au gouvernement. De pareilles charges ne sont admissibles qu'à la faveur de bénéfices rapides et certains qui ne sont point l'attribut des propriétés de ce genre, et si quelques canaux se prêtaient à une telle combinaison, il vaudrait mieux établir un tarif plus modéré et déclarer la propriété perpétuelle.

Le gouvernement qui stipule comme tuteur ne doit pas être facile en fait de garanties; mais ne tombe-t-on pas dans l'excès contraire en voulant que (art. 11), *faute d'avoir exécuté les travaux et obligations* (quelquefois assez mal déterminés) *qu'elle contracte, la compagnie encoure la déchéance, et que dans ce cas tous les ouvrages* CONSTRUITS *ou en exécution,* les TERRAINS AC-QUIS, *le* cautionnement VERSÉ, *deviennent la propriété du gouvernement, sans qu'il y ait lieu à aucun recours de la part de la compagnie ni de ses intéressés ou ayans droit*. Qui voudrait s'exposer aux conséquences d'une pareille clause ! Quelle garantie une compagnie qui s'y soumettrait offrirait-elle à ses créanciers ! Qui voudrait traiter avec elle ! Un cautionnement et la folle enchère offriraient à coup sûr au gouvernement lui-même bien plus de garantie que cette condition repoussante.

Le voisinage seul du cahier des charges des compagnies financières suffisait pour détourner les capitaux qui auraient été tentés de se porter vers les travaux d'exécution ; au lieu des longues études qui doivent précéder les soumissions à ceux-ci, un examen d'une demi-heure suffit pour déterminer un homme un peu habitué aux affaires à prêter plusieurs millions sur l'autre cahier ; on lui assure l'intérêt de son argent, une prime, un fonds d'amortissement ; tout cela lui est payé indépendamment de toutes les chances de perte qui restent au compte du gouvernement, et après le remboursement complet, le canal eût-il coûté le triple de la somme empruntée, le prêteur jouit de la moitié des produits, sans que l'État puisse rien précompter pour l'excédant des dépenses qu'il aurait faites. Enfin, comme si le contraste devait être sensible dans les moindres choses pour la compagnie exécutante (art. 15), *la contribution assise sur les terrains qui serviront d'emplacement au canal et à ses dépendances est exempte de toute augmen-*

tation pendant la durée de la concession, tandis que dans la compagnie prêtante (art. 12), *le canal et ses dépendances ne sont soumis à aucun impôt*. Il serait aisé de pousser ce parallèle beaucoup plus loin, particulièrement en ce qui concerne la garantie.

Hâtons-nous de dire que le système d'emprunt et d'exécution de travaux par le gouvernement anéantit à jamais sous d'autres rapports l'esprit d'association des compagnies exécutantes. Le premier objet à calculer dans toutes les entreprises commerciales, ce sont les concurrences à subir; et dans le système adopté les compagnies exécutantes se trouveront continuellement exposées à celle du gouvernement, qui peut toujours perdre sans se ruiner jamais : ainsi les compagnies de Briare et du Loing ont ouvert une communication entre la Loire et la Seine; l'État va en ouvrir une nouvelle par le canal de Nivernais; si comme le prétendent beaucoup de personnes, cette opération est inutile * et ruineuse, les propriétaires des canaux ci-dessus n'ont pas dû compter sur cette concurrence, et le bien qui peut en résulter sera fort inférieur au mal qu'elle leur fera et aux dépenses dont elle sera la source. Au moins devrait-il être expressément arrêté que jamais les tarifs du gouvernement ne pourront être

* Il paraît qu'il en serait tout autrement si l'on se bornait à ouvrir une rigole flottable pour les bois.

inférieurs à ceux des canaux particuliers auxquels ils feront concurrence.

Ce n'est point par cette marche que l'Angleterre a obtenu les résultats qu'on nous vante.

L'inutile et ruineuse intervention de l'administration dans le détail des travaux y est inconnue, et c'est une nouvelle carrière de crédit qui nous reste tout entière à parcourir ; nous avons le crédit au moyen duquel on contracte des dettes, aussi formons-nous des compagnies financières ; mais celui qui crée par la liberté et la sécurité de grandes associations de bien public nous manque tout-à-fait ; toutes les doctrines d'administration du régime impérial subsistent encore, et nous ne trouvons pas de compagnies exécutantes.

Nous en trouverons quand on sera rassuré sur les suites de cette intervention administrative, et il faut pour cela d'autres cahiers des charges : que les esprits soient dirigés vers les entreprises de canaux ; que ces opérations soient étudiées, il suffirait pour cela de la sollicitude éclairée des conseils de département ; que quelque navigation lucrative et bien entendue ouvre la marche, et l'on s'étonnera bientôt des développemens de prospérité obtenus. Nous avons admiré les améliorations rapides du crédit d'emprunt, nous n'admirerons pas moins celles du crédit des produits, et la patrie s'en félicitera bien davantage.

Le canal latéral à la Loire, considéré d'une ma-

nière plus complète que dans le projet de loi*,
par là même beaucoup plus fréquenté et créant
par les irrigations une immense richesse agricole, semble destiné à ouvrir cette heureuse carrière. On calcule que généralement en Angleterre
la houille et les produits des industries qu'elle
alimente donnent les trois quarts des produits
des canaux, et celui-ci réunirait les mines les plus
riches du continent avec les contrées les plus in-
dustrieuses de France qui manquent de ce combustible, les départemens les plus fertiles en vin
avec ceux du nord : les relations qui s'établiraient sur cette grande ligne de navigation entraî-
neraient bientôt l'ouverture de nouvelles communications ; ainsi le canal d'Alsace et celui de
Digoin au Bec-d'Allier terminés, le canal de Berri,
qui réunira les départemens de l'est avec la basse-
Loire et l'Océan, et qui versera le combustible
fossile au sein des mines de fer du Cher, ce canal

---

* Les obstacles physiques qui s'opposent à ce qu'on exporte de
l'inépuisable bassin houiller de Saint-Etienne plus de 1,000,000
d'hectolitres, qui rapporteront d'après le tarif 760,000 fr. à la
partie de Digoin à Briare, ne sont pas levés dans le projet du gouvernement. La prolongation de la navigation jusqu'à Saint-Rambert
triplerait bientôt cette exportation ; il en résulterait donc, sans augmentation de dépense sur la partie inférieure, une augmentation de
produit de 1,520,000 fr. La réunion des deux travaux en un seul n'est
pas moins avantageuse sous le rapport économique, puisque les pri-
ses d'eau de Roanne alimenteraient tout le canal jusqu'à Nevers,
permettraient de réduire le nombre des écluses et de créer un grand
système d'irrigations sur toute la rive de la Loire.

qu'on délaisse aujourd'hui deviendra une opération lucrative; la jonction du Rhône à la Loire
par Saint-Étienne se trouvera dans le même cas.

Les calculs, la prévoyance, qui sont la condition des succès des compagnies exécutantes, sont
pour la nation une garantie que tous les canaux
vraiment nécessaires seront faits, et que des capitaux énormes ne s'égareront pas dans les travaux sans utilité ? Ces mêmes calculs obligent ces
compagnies à établir leurs tarifs sur les bases les
plus conformes aux intérêts du commerce local,
et c'est sur cette assiette de tarifs que le gouvernement et les chambres devraient porter l'œil le
plus attentif; que les conseils généraux, les chambres de commerce devraient être entendues; il
suffit d'une mauvaise combinaison de tarifs pour
rompre l'équilibre de tout le commerce d'une
contrée : il est difficile d'admettre que dans un
pays dont les productions sont aussi variées que
la France, le tarif unique adopté par le gouvernement satisfasse à toutes les convenances de localité; et quand l'intérêt de la chose même exi-
gera des modifications, l'État, lié pour 75 ans et
peut-être davantage après l'achèvement des travaux, n'en pourra admettre aucune sans le concours d'associations qu'on ne pourra jamais réunir, et dont les coupons vont inonder la Bourse.

Quand on est pénétré des grandes vues de
bien public si fortement établies dans le *Rapport*

sur la Navigation intérieure ; on ne peut voir sans
un sentiment pénible le système des compagnies
exécutantes à jamais banni des plus importantes
lignes de navigation de France. Si un jour, quand
le zèle actuel se sera refroidi devant des obstacles
qu'on ne calcule pas, l'administration affaissée
sous l'immensité des travaux qu'elle entreprend,
ruinée par les intérêts qu'elle se soumet à payer,
voulait les terminer, comme elle sent la nécessité
de terminer dans ce moment même les travaux
infiniment moindres de la rue de Rivoli, les ar-
ticles 7 et 8 du cahier des charges éloigneraient
invinciblement les compagnies exécutantes auxquelles elle voudrait déléguer ses obligations. Et
pourtant il était si facile de rester dans la bonne
voie ! le but aurait été atteint si sûrement et si
promptement en combinant ses moyens d'action
avec plus de maturité ! Les canaux qu'on regarde
comme ne pouvant pas rapporter les frais * au-

---

* Au nombre de ces canaux se trouvent le canal de Bourgogne,
sur lequel les trois huitièmes de la dépense sont faits ; le canal
du Blavet dont dix-sept vingt-unièmes sont terminés; et les compagnies prêtantes jouiront, pendant quarante ans après le remboursement de leurs avances, de la moitié des produits de ces canaux,
comme si leurs fonds avaient suffi pour tout exécuter. Si l'on ne
trouve pas de compagnies exécutantes pour des canaux dont on
livre gratuitement dix-sept vingt-unièmes, c'est sans doute parce
qu'on n'a pas laissé le temps d'examiner et d'organiser. D'ailleurs
tous les ingénieurs étant en France à la disposition du gouvernement, il n'est pas étonnant que les relations entre le corps des
ponts et chaussées et les capitalistes ne s'improvisent pas.

raient été si aisément entrepris par des compagnies que le gouvernement aurait décidées, soit
au moyen de sommes une fois données qu'il se
serait procurées par un emprunt sur le Grand-
Livre, soit en avançant des fonds sans intérêt
jusqu'à ce que l'entreprise rapportât un intérêt
déterminé dans le contrat!

Si frappées des dangers d'un système qui étouffe
au berceau l'esprit d'association, qui tend à ra-
mener sur la Bourse de Paris des capitaux desti-
nés à développer dans les provinces ces institu-
tutions où chacun trouve de nouveaux motifs
d'aimer son pays, les chambres calculent les charges que le projet de loi imposerait à l'État, rejet-
tent ce projet, et replacent ainsi l'administration
dans la noble route qu'elle s'est tracée elle-même
en 1820, on peut, sans se prévaloir de quelques
circonstances particulières qui donneraient assez
de poids à cette opinion, espérer qu'une compagnie exécutante se formera pour ouvrir une
grande communication le long de la Loire; et c'est
ce qui me détermine à modifier mon premier mémoire, et à jeter un coup d'œil sur les bénéfices
promis à cette association. Ce travail est encore
très-loin d'être satisfaisant; mais son insuffisance
même fera sentir quelles études sont nécessaires
pour entreprendre des canaux avec quelque cer-
titude de succès.

DE LA LOIRE

AU-DESSUS

DE BRIARE.

Sɪ l'on jette les yeux sur la carte de France,
on la voit partagée en divers bassins, dont chacun se distingue par des productions qui manquent à d'autres : au milieu de cette réciprocité de
besoins et de ressources, il est impossible de ne
pas remarquer combien le cours de la Loire est
heureusement situé, pour servir de lien à plusieurs de ces contrées, et féconder les uns par les
autres mille germes de prospérité que l'isolément
rend stériles.

Les hautes montagnes dont elle descend souf-
frent à regret une pénible culture aux dépens
des forêts, dont la nature les avait garnies, comme
d'une réserve ménagée aux terrains inférieurs,
qui ont une autre destination; en les quittant,
elle arrose elle-même, ou par ses affluens, les
bassins houillers de Saint-Étienne, de Decise, du
Creusot, et offre leur combustible à l'industrie
des départemens du centre, de l'ouest et des
bords de la Seine. Les vins qui mûrissent sur ses
bords suivent la même route; elle les dépose avec
les fers de l'Allier, du Cher et de la Nièvre, dans

des contrées qui manquent de ces produits, et qui peuvent rendre à celles qui les leur envoient des grains et mille richesses industrielles, dont celles-ci sont privées ou mal pourvues; les tributs des bords de la Loire arrivent enfin à la mer, pour être échangés contre des objets qui remontent le fleuve et vont satisfaire les besoins de l'intérieur; par exemple, le sel, matière d'une consommation de 280,000 quintaux métriq. pour les seuls départemens qu'arrose immédiatement cette rivière, les produits de nos pêcheries, les denrées coloniales, etc.

Du côté du Rhône, un autre tableau se déroule, et la liaison des deux bassins donne à la prospérité de chacun un nouvel essor. Le midi de la France demande des grains, des fers, de la houille et les produits multipliés des industries qu'elle anime; il offre les marchandises de l'Océan et de la Méditerranée, les cotons, les laines, les fruits, les sels, les vins, les huiles.

On cesse d'être étonné du peu de développement qu'ont pris tant de germes de prospérité, quand on considère l'état de la navigation de la Loire : elle commence à Saint-Rambert, à trois lieues de Saint-Étienne; on n'en part qu'au moment des crues, qui sont souvent séparées par des espaces de trois et quatre mois : ces crues s'écoulent rapidement, et le trajet du point de départ à Briare dure quelquefois six mois : les eaux sont si basses, qu'il faut des bateaux susceptibles de contenir 900 hectolitres pour en porter de deux à trois cents de Saint-Rambert à Roanne, et de trois cents à quatre cent cinquante de Roanne à Briare, de sorte que les frais de conduite sont plus du triple de ce qu'ils seraient à pleine charge. Les chargemens et déchargemens que nécessite un ordre de choses si défectueux, les risques, les avaries de cette navigation grossissent le chapitre des dépenses ; enfin, comme la rivière ne se re- monte que jusqu'à Digoin, et à très - petite charge, un bateau ne fait, pour ainsi dire, jamais qu'un voyage, au terme duquel il est vendu aux ateliers de déchirage, environ le sixième de ce qu'il a coûté. Ainsi les échanges sont exclus de ce commerce, que les dangers et les lenteurs de la navigation restreignent aux matières les plus grossières.

Les communications avec le Rhône ont lieu par le canal du centre et la Saône : mais, muti- lées à Digoin par toutes les entraves que nous venons de signaler, ralenties par un détour de vingt-cinq lieues, la nécessité la plus absolue peut seule leur prêter quelque activité ; et la voie de terre est le plus souvent préférée à partir de Châlons. L'espace de sept lieues qui sépare le canal de Rive-de-Gier de la Loire se prête à des rapports plus immédiats et plus économiques ; et l'on songera sérieusement à le franchir, dès

que la Loire elle-même sera praticable aux bateaux du Rhône.

La Loire est donc une de ces rivières que l'Anglais Smeaton trouvait moins faites pour porter
des barques que pour alimenter des canaux pa-
rallèles ; et si c'est une loi immuable des sociétés
humaines qu'aucun projet d'utilité ne reçoit sa
sanction que du temps et du besoin, l'insuffisance des services qu'on tire actuellement de
cette rivière s'explique d'elle-même ; mais on
peut espérer et prédire, à cet égard, de grands
et prochains changemens.

Il suffit, pour s'en convaincre, d'observer un
instant le mouvement actuel de cette navigation,
et les besoins qu'il décèle.

Le bassin de la Loire, y compris l'Allier, verse
aujourd'hui 1,600,000 hectolitres de houille dans
celui de la Seine, qui de plus en reçoit 2,700,000
de la Belgique ou du nord.

Les charbons de Saint-Étienne, dont le prix
moyen est de 54 c. sur la mine, se vendent à
Paris de 4 à 5 fr. ; et malgré cela, la consommation n'a d'autres limites que les arrivages. Le
transport de la mine à Briare *, qui revient ac-

---

* Une mauvaise combinaison de tarif élève le prix des transports
de la houille, sur les canaux de Briare et du Loing, d'une manière aussi préjudiciable aux propriétaires des canaux qu'au commerce, mais on peut en espérer la rectification du patriotisme
éclairé de ces propriétaires.

tuellement à 2 fr. 25 c. par hectolitre, se réduirait par un canal, non compris le péage, à 50 c. Cette différence assure le succès de l'entreprise dont elle prouve la nécessité : d'un côté sont des mines aussi riches que celles dont se vantent nos voisins ; de l'autre une population et des manufactures dont les besoins s'étendent en même temps que les bois diminuent ; l'obstacle qui sépare le besoin des ressources ne saurait résister longtemps aux forces qui sollicitent sa destruction, quand une économie de 1 fr. 75 c. par hectolitre sur une consommation de plusieurs millions sert de garantie à l'entreprise. La houille étant, dans les arts utiles, le moteur et l'agent de combinaison le plus énergique, sa cherté est l'entrave la plus funeste d'une industrie qui doit rivaliser avec celle de l'Angleterre. Si le prix de l'hectolitre de houille baissait (et l'on ne pourrait moins attendre de l'ouverture du canal) de 1 fr. dans le bassin de la Seine, combien de produits manufacturés, inaccessibles par leur prix à la masse des consommateurs, deviendraient communs ! Que de machines, d'ateliers s'éleveraient ! Quel développement de travail et d'aisance s'ensuivrait !

L'essor de l'industrie serait peut-être plus remarquable encore le long du canal. Dans les départemens de l'Allier, de la Nièvre et du Cher, si riches en minerais et en forges, la houille est à peine appliquée à la fabrication du fer ; l'écono-

mie presque toujours considérable que procure
ce combustible* dans le travail métallurgique
varie avec le rapport de son prix à celui du
bois ; mais la plus essentielle porte sur les frais
de transports. En effet, il faut prendre les chutes d'eau où la nature les a mises, et les combinaisons commerciales ont par là peu de part au
choix de l'emplacement d'une usine : de là résulte
la nécessité de transporter à de grandes distances,
et le plus souvent par des chemins affreux, les
minerais, le combustible et les produits des
forges. Les usines à vapeur, au contraire, s'éta-
blissent sur les mines mêmes ou au bord des canaux ; c'est la véritable raison pour laquelle le prix
du fer est chez nous le double de ce qu'il est en
Angleterre : nous faisons à dos de mulet ce qu'on
fait de l'autre côté du détroit avec des bateaux.

Les effets de la baisse du prix du fer sur l'agriculture et sur les fabrications dont ce métal est la
matière principale sont trop étendus pour pouvoir être calculés.

Les canaux de Briare et du Loing, ceux projetés
ou en exécution du Rhône, du Berri, de Tours à
Nantes, doubleraient d'activité ; bientôt une foule

---

* Les avantages de la houille sur le bois ont leur limite : s'ils
sont incontestables pour les feux d'affinerie, pour la fonte moulée,
la fonte au bois est préférable pour être réduite en fer malléable.
Les feux à la houille se multipliant, les hauts fourneaux se multiplieraient nécessairement aussi, et consommeraient les bois rem-
placés par la houille dans les forges.

de canaux secondaires, comme autant de veines de cette grande artère, en porteraient les bienfaits dans toutes les contrées environnantes; enfin, si les ports de mer sont de grands marchés où se nouent les relations de l'intérieur d'un pays avec ses propres côtes et avec l'étranger, les canaux, qui étendent si prodigieusement le champ de ces relations, qui créent et font circuler tant de nouveaux produits et assurent au commerce maritime des consommations et des retours pour ainsi dire illimités, les canaux sont la base la plus assurée de la prospérité maritime d'une grande nation : dès lors quelle extension de commerce nos ports de Nantes, de Rouen, de la Méditerranée, nos salines, nos pêches lointaines, nos colonies ne devraient-elles pas au canal proposé.

Quoique tout ce qui profite à l'industrie et au commerce profite également à l'agriculture, le canal proposé influerait sous trop de rapports sur sa prospérité, pour nous en tenir à cette réflexion.

Que demande partout l'agriculture aux gouvernemens? des communications : ce sont les seuls encouragemens essentiels qu'ils lui doivent, les seuls qu'elle puisse ne pas tenir d'elle-même. Pendant les dernières disettes, le prix des grains s'est élevé dans certaines contrées au double de ce qu'il était dans d'autres peu éloignées; des communications faciles auraient enrichi une province et prévenu la disette dans l'autre : et, sans demander au passé des exemples, les départemens de l'intérieur souffriraient-ils autant de l'avilissement du prix des grains, si des canaux bien entendus rendaient certains ports aussi accessibles à leurs blés qu'ils le sont à ceux de l'étranger ?

La difficulté des transports arrête d'une autre manière l'essor de l'agriculture : l'Angleterre et notre pays offrent sous ce rapport un contraste riche en conséquences. Nos fermes sont réduites aux engrais animaux et végétaux de la localité. En Angleterre, outre ceux des villes, des marnières immenses, des carrières de chaux qu'on exploite avec des chemins de fer et des machines à vapeur, répandent leurs produits fécondans sur des espaces proportionnés au bon marché des transports : traversant alternativement des terrains marneux ou calcaires et des terrains différens, le canal proposé enrichirait plusieurs contrées de ces grandes exploitations qui manquent encore chez nous à l'industrie et à l'agriculture.

Ainsi, quand il ne ferait qu'ouvrir à celle-ci les plus vastes combinaisons de consommations et de produits, elle aurait bientôt changé d'aspect dans le pays qu'il arroserait : si grands que soient ces avantages, ils ne sont pas les seuls qu'elle dût en retirer.

Ceux qui ont voyagé dans le nord de l'Italie

ont admiré ces grandes dérivations du Pô, de l'Adda, du Tésin, fruits d'un régime municipal, dont les bienfaits ont quelquefois consolé ces belles contrées des désordres de l'anarchie, de la rage et de la stupidité de leurs tyrans. Retenues sur des lignes à peu près horizontales, le long des plaines inclinées d'où l'on commence à s'élever vers les Alpes, les eaux s'échappent de distance en distance par des rigoles d'irrigation, s'étendent successivement sur tous les champs inférieurs, et ne rentrent dans leur lit que lorsqu'il ne leur reste plus rien à fertiliser. Ces mêmes eaux fournissent des forces motrices à de nombreuses usines. En appliquant ainsi à des rivières ce qui ne s'est ailleurs pratiqué que sur des ruisseaux, les Italiens * ont transformé des provinces entières en véritables jardins, où la succession pressée des récoltes semble devancer la marche du temps, et ne laisse aucun repos à la terre.

Ce que les Italiens ont fait sur l'Adda, les Français peuvent le faire sur la Loire; la nature des lieux s'y prête également. Il existe dans l'ar-

---

* On voit en France de belles irrigations dans les départemens des Pyrénées orientales, des Bouches-du-Rhône, des Hautes-Alpes, de Vaucluse, de l'Isère, des Vosges; mais ces travaux ne sont pas assez étendus pour pouvoir être cités comme expérience à l'appui du système ici proposé : les canaux d'Italie ne sont pas moins remarquables que ne le serait celui de la Loire; c'est ce qui les a fait choisir pour exemple.

rondissement de Saint-Étienne et dans celui de Roanne des points très-favorables à l'établissement de grands barrages de dérivation; le canal dérivé aurait de Saint-Rambert au Bec-d'Allier un développement d'environ   233,000 mètres si le canal était maintenu à une distance moyenne de   4,000

de la rivière; l'espace compris entre les deux courans serait de   93,200 hect.

sur quoi   23,200

sont déjà ou ne peuvent être arrosés; l'amélioration s'étendrait donc sur un espace de   70,000 hect. qui doivent valoir 75,000,000 fr. Sous le soleil de l'Italie et du midi de la France, l'irrigation quintuple souvent la valeur du sol : ses effets, combinés avec le prix que donnerait aux denrées le canal considéré comme débouché, doubleraient assurément cette valeur sur les bords de la Loire. Cette évaluation ne paraîtra exagérée ni aux personnes qui ont vu l'Italie et la Hollande, ni à celles qui savent calculer les avantages d'un système d'agriculture qui permettrait de faire alterner à volonté, sur un espace de plus de quarante lieues carrées, les prairies naturelles et toutes les récoltes de grains, de fruits et de racines.

Ce système serait certainement applicable au

bassin de l'Allier* et à la rive gauche de la Loire dans le département du Cher. Une dérivation de l'Allier prise dans l'arrondissement d'Issoire aurait environ 250,000 mètres de longueur; et quoique plusieurs cantons de cette ligne soient suffisamment arrosés, l'importance agricole de ce canal ne serait certainement pas inférieure à celle de la dérivation de la Loire.

On ne compterait peut-être pas en France trente départemens auxquels ces heureuses combinaisons de l'agriculture et du commerce soient interdites. Embellissant une communication fréquentée, enrichies du voisinage d'une grande population industrielle, les irrigations de la Loire seraient bientôt étudiées; l'exemple le plus encourageant, étant aussi le plus en vue, ne pourrait manquer de recevoir de nombreuses applications.

Quelques aperçus des cultures pratiquées dans les pays à grandes irrigations et des applications qu'admettrait celui qui nous occupe, quelques

---

* Cet autre canal, considéré dans son utilité commerciale pour les départemens du Puy-de-Dôme, de l'Allier, de la Haute-Loire et du Cantal, fournirait seul la matière d'un mémoire étendu : les houillères de Brioude et d'Issoire, les superbes carrières de pierre du Puy-de-Dôme, les bois de construction, les vins seraient l'objet d'un commerce considérable ; la richesse de la Limagne est passée en proverbe ; et les pâturages des hautes montagnes de l'Auvergne sont susceptibles de devenir aussi productifs que ceux de la Suisse.

détails sur l'esprit et les dispositions des contrats d'association auxquels donnent lieu ces grands travaux, ne seraient peut-être pas déplacés ici; mais ils retarderaient trop notre marche, et il vaut mieux continuer à considérer le grand canal de la Loire dans son ensemble.

Dans l'état politique actuel de l'Europe, la France doit être puissance prépondérante ou humiliée. Malgré les divisions intestines, elle ne peut être réduite au second rôle que par les fautes de ses gouvernemens; Henri iv l'a prouvé : sa situation et le génie de ses habitans l'appellent à tenir d'une main ferme la balance de la justice en Europe; son influence se fonde sur l'alliance des âmes généreuses de tous les pays : pour le bonheur des autres nations comme pour le sien, il faut qu'elle soit invulnérable, et que lorsqu'elle renonce aux guerres offensives, ceux qui viendraient l'attaquer chez elle y soient exterminés. Ce sentiment national, patrimoine de tous les Français, excusera, près de ceux qui l'éprouvent, ce que les considérations suivantes ont d'étranger au métier de mineur.

Après beaucoup de discussions sur le système de défense qui convient le mieux à notre pays, les suffrages se sont à peu près réunis en faveur d'un ensemble de grandes places servant de centre d'opérations à des corps d'armée qui, s'ils n'arrêtaient pas l'ennemi, se formeraient sur ses derrières et couperaient sa ligne d'opérations et de retraite. Mais cette manœuvre même suppose des revers antécédens, l'ennemi dans le pays; et l'issue des deux dernières guerres indique assez en quoi le système auquel elle se rattache est encore incomplet. Cette grande ligne franchie, tout le pays est ouvert; d'ailleurs nos établissemens d'artillerie étant tous plus ou moins rapprochés des frontières, en cas d'invasion et de revers prolongés, l'armée française se trouve séparée de ses plus précieuses ressources en matériel.

Quelques places qui fonderaient dans l'intérieur un centre de résistance insurmontable rendraient des malheurs de ce genre à jamais impossibles.

Peut-être ne trouverait-on pas beaucoup de positions plus favorables à un pareil établissement, que le point de jonction de la Loire, de l'Allier et du canal de Berri. Ce point aurait par eau des communications directes avec les terrains houillers de Saint-Étienne, de Decise, du Creusot, de Commentry, de l'Auvergne; avec les forges de la Bourgogne, du Nivernais et du Berri; avec l'Alsace et la Franche-Comté; avec le Dauphiné et la Provence; avec la Bretagne; avec Paris et le nord : les matières nécessaires à toutes les fabrications d'armes et de projectiles y afflueraient de toutes parts, et il approvisionnerait avec une égale facilité toutes les parties exposées des fron-

tières de la France. Ce vaste arsenal, situé au cœur
du pays et sa plus précieuse ressource, serait aussi
le plus en sûreté ; fort par lui-même * il le serait encore davantage par la grande ligne que formeraient devant lui la Loire et l'Allier, et tout le
reste de la France fût-il envahi, une armée re-
tranchée derrière ces rivières, et appuyée sur une
ligne de canal parrallèle de plus de soixante-dix
lieues de longueur, se reformerait dans cette position, et donnerait bientôt la main aux braves
habitans des frontières.

Ainsi, à mesure qu'un ennemi s'avancerait en
France, les obstacles se multiplieraient devant lui ;
il s'affaiblirait à chaque succès, et chaque succès
le conduirait à une résistance plus grande que
toutes celles qu'il aurait surmontées : les lignes du
Rhin et des Alpes, de la Seine, de la Saône et du
Rhône, si redoutables à l'ennemi qui s'avancerait
vers celle de la Loire, deviendraient le tombeau
de l'ennemi qui voudrait se retirer ; et malgré nos

---

* Une place assise au confluent de la Loire et de l'Allier occu-
perait le sommet des trois angles que forment ces rivières, et
toutes les entreprises de l'ennemi se compliqueraient de leurs pas-
sages : le pays est facile à inonder ; les seules crues des eaux
suffiraient pour renverser les opérations les plus longues et les
mieux combinées. Les canaux du Berri et de la Loire ajoute-
raient aux avantages naturels de cette position, qui confiée à des
gens de cœur serait certainement inexpugnable. Quant à la soli-
tude actuelle du lieu, peut-être est-elle moins un obstacle qu'une
facilité pour l'établissement dont on émet ici l'idée.

malheurs et nos fautes, le mot du grand capitaine qui prétendait connaître vingt chemins pour entrer en France, et pas un pour en sortir, pourrait encore se trouver vrai dans toute son étendue.

Plusieurs généraux distingués ont écrit sur cette matière, qui est peut-être aujourd'hui l'objet des méditations d'un homme, que je craindrais de désigner trop clairement en l'appelant le Catinat de notre âge. Fait pour être soldat sous eux, j'ai dû me borner à dire comment j'entrevois qu'une grande opération d'agriculture et de commerce peut se lier essentiellement à la défense du pays.

Fixés sur le but à atteindre, nous pouvons parler de la direction des travaux.

Faisant partie d'un grand système de défense, le canal devrait, sans contestation, passer sur la rive gauche de la Loire; c'est celle qu'il faut de préférence enrichir en produits et surtout en communications, c'est aussi celle où les améliorations agricoles seront les plus vastes; les circonstances naturelles prescrivent ce choix d'une manière plus impérieuse encore.

Les travaux de MM. Gauthey, de Prony, Boistard et Huerne de Pommeuse ont jeté une grande lumière sur le moyen d'ouvrir le canal latéral entre Digoin et Briare; mais s'il remontait jusqu'à Saint-Rambert, cette circonstance aurait sur la direction des travaux autant d'influence que sur les produits de l'entreprise. En effet, le canal commencerait à un barrage de dérivation pris au-dessus de Saint-Rambert; il arroserait toute la plaine du Forez, rentrerait dans la Loire à Balbigny; de là jusqu'à une lieue au-dessus de Roanne la rivière est resserrée entre des montagnes escarpées, on la rendrait navigable au moyen de barrages à écluses, comme le Doubs, le Tarn, et d'autres rivières du midi; vers Roanne, un autre barrage de dérivation donnerait un courant indéfini qui alimenterait facilement la navigation jusqu'au Bec-d'Allier. Cette portion de canal devant aussi servir à l'irrigation, on réduirait les dimensions du lit nécessaire à ce volume d'eau, en lui donnant une légère pente; on économiserait de la sorte au moins le tiers des écluses, et la quantité de fluide disponible rendrait insensibles les pertes et les filtrations, qui suffiraient pour épuiser un canal construit sur d'autres principes, dans le terrain d'alluvion que celui-ci doit parcourir. Ce courant donné au canal serait un grand avantage pour le commerce, puisque la houille, les vins et les autres denrées du midi qui le descendraient formeraient plus des deux tiers de son tonnage; les communications avec le canal du centre, Decise, Nevers, seraient ouvertes comme l'ont indiqué les ingénieurs cités plus haut.

Les écluses devraient admettre les plus grands

bateaux *, et la quantité d'eau à faire passer
permettrait d'établir sur chacune une usine pour-
vue d'une très-grande force motrice.

Passant sur une foule de moyens d'économie
et d'améliorations, de gages de sécurité dont la
discussion trouverait sa place dans un travail plus

* L'administration des ponts et chaussées a sagement ex-
clu de cette communication le système anglais de petite navigation, si vanté de ceux dont il n'est pas connu ; on saisit moins facilement les raisons qui le lui font adopter pour le canal de Berri.
(*Voyez* l'avis ministériel du 18 mars 1822.)

Ce canal est intermédiaire entre la basse Loire et les canaux de
la Loire, du centre et d'Alsace ; c'est la grande communication de
l'est et du midi de la France avec l'ouest, et ce canal sera impra-
ticable aux bateaux de la Loire et des canaux ci-dessus. Est-ce
l'économie de construction qui motive une combinaison si préjudiciable au commerce et au canal lui-même, et qui fera presque toujours préférer le détour par Orléans ? Dans les petites
écluses les radiers et les portes coûtent un peu moins que dans
les grandes, mais les bajoyers sont tout aussi chers. L'usage du
canal par petite section est beaucoup plus dispendieux. 1° Les bateaux n'étant pas la moitié de ceux des grands canaux, le hâlage
d'une même quantité de marchandises y est plus pénible. 2° Trois
petits bateaux qui portent 66 tonneaux coûtent plus que deux
grands qui en portent cent. 3° Si l'écluse d'un petit bateau con-
somme moitié moins d'eau, la charge d'un grand bateau en exige
deux éclusées et demie, et il y a déperdition de fluide. Dans son
Mémoire public sur les travaux d'Angleterre, page 69, M. Dutens
rapporte qu'un canal à bateaux de 4 tonneaux ne coûte à construire
que les deux cinquièmes de moins qu'un canal à bateaux de 60
tonneaux : nous resterons sans doute au-dessous du rapport établi
par lui, en disant que dans la petite navigation on diminue un
quart dans les premiers frais, et l'on perd trois cinquièmes sur le
service. Les relations qui s'établiront entre le canal du Berri et celui qui nous occupe rendaient cette digression nécessaire.

mûr, nous partirons pour l'évaluation des dépenses des seules bases qui méritent dans ce moment quelque confiance, sans cependant perdre
de vue qu'une étude approfondie du terrain peut
seule déterminer les combinaisons économiques
dont la navigation et les arrosemens doivent
être l'objet.

Le canal latéral aurait de Saint-Rambert vis-à-
vis Digoin.   131,000 mètres.
De Digoin à Briare 187,000

En tout 318,000

La première partie est portée dans le rapport
sur la navigation intérieure à 8,470,000 francs
La seconde * l'est par
MM. Boistard et Huerne de
Pommeuse à   12,000,000

Total   20,470,000

Malgré la confiance que méritent ces évalua-
tions, quoique les grands mécomptes dans la
construction des canaux proviennent rarement
d'autre chose que de l'insuffisance ou des pertes
des eaux, quoique le volume énorme dont on

---

* Cette partie avait été évaluée à 7,300, 000 fr. par M. Gauthey, l'expérience acquise au canal du centre, projeté et exécuté
par cet habile ingénieur, peut faire apprécier le degré de confiance
que mérite son évaluation du canal latéral.

Le devis du canal du centre portait 7,202,000 fr., les dé-

pourrait disposer dans celui-ci réponde à toutes les objections, l'expérience des grands travaux ne permettrait pas à une compagnie prudente d'entreprendre ceux-ci à moins d'avoir à y consacrer un fonds de 30 millions. Or l'intérêt de 30 millions est de .... 1,500,000 fr.

Les frais d'administration et d'entretien à 20,000 fr. par myriamètre, donnée, fournie par l'expérience, s'éleveraient à 636,000

Le canal équivaudrait donc à une dépense annuelle de .... 2,136,000 fr.

Cela posé, toute la question consiste à examiner si, avec un tarif qui procurerait au commerce une économie sur les transports actuels,

---

penses prévues dans le détail estimatif, se sont réellement élevées à .... 8,204,000 fr.
mais les travaux ont duré 13 ans, et dans cet espace, le prix des choses et la main d'œuvre ont beaucoup haussé dans le pays. Les travaux et dépenses non prévus dans le devis ont été de .... 1,666,000 fr.

.... 9,870,000 fr.
à quoi il faut ajouter l'intérêt des fonds : 1,540,000

jusqu'à l'ouverture de la navigation, total, 11,410,000 fr. En portant à 12,000,000 leur devis des travaux évalués par M. Gauthey à 7,300,000 fr., MM. Huerne de Pommeuse et Boistard ont voulu faire la part des circonstances analogues à celles qui ont causé les mécomptes de M Gauthey.

\ 3

la perception des droits de canal balancerait cette somme de 2,136,000 fr., et promettrait, en compensation des chances de l'entreprise, ces bénéfices qui sont l'aiguillon et la récompense du travail.

Rien n'est plus difficile à évaluer que les dépenses d'une navigation aussi incertaine que celle de la Loire : on peut cependant calculer qu'en ayant égard à la perte qu'ont à supporter les bateaux, la voie de charbon, 30 hectolitres, revient, de Saint-Rambert à Briare, à 50 fr., et la pièce de vin, de Roanne à Briare, à 7 fr. Si les bateaux étaient à pleine charge et qu'on pût en changer la construction, les mêmes frais que nous comptons ici pour 50 fr. et pour 7 fr. ne seraient plus que de 9 fr. 60 c. et de 1 fr. 28 c. : le montant de la différence est la latitude laissée aux combinaisons du tarif : celui du gouvernement est loin de satisfaire à toutes les conditions; nous en ferons pourtant une sorte d'application au tonnage actuel de la rivière comme moyen d'évaluer les produits du canal latéral, supposé que le commerce eût toujours de l'avantage à se servir de cette dernière voie.

D'après les relevés de l'octroi de navigation, il passe annuellement sur la Loire les quantités suivantes de bateaux; mais l'octroi ne distinguant la nature des marchandises qu'en ce que les fers,

les sels, les vins, les épiceries paient 5o c. par
franc en sus, dans l'impossibilité d'établir le rapport des quantités de marchandises diverses, nous
appliquerons le tarif des vins à la classe des marchandises surtaxées, celui de la houille à tout le
reste; nous nous éloignerons de la sorte assez
peu de la vérité.

BUREAUX.	BATEAUX.			CHARGE en masse en kilolitr.	DISTANCES parcourues.	PÉAGE.	PRODUIT.
	houille.	Vin.	Vides.				
						fr c.	fr.
ROANNE.	3,120			87,000	14	2 80	243,600.
DIGOIN.	2,080			87,000	12	2 40	208,800.
		320		7,680	12	4 80	36,864.
			1,100		12	7 80	8,580.
NEVERS.	2,900			122,000	20	4 »	488,000.
		900		21,600	20	8 »	172,800.
			250		20	13 »	3,250.
BRIARE.	4,600			190,000	18	3 60	680,000.
		1,300		31,000	18	7 20	224,640.
			100		18	11 70	1,170.
							2,067,704.

Il est assez remarquable que l'application du
tarif aux quantités de marchandises qui passent
actuellement sur la Loire donne un produit à
peu près équivalent aux dépenses, que nous
avons trouvées par le calcul; toutes les quantités
arrivées à chaque bureau ne partent pas, il est
vrai, de l'extrémité de la distance parcourue;

mais nous n'avons tenu compte ni de celles qui s'arrêtent en route ni de la navigation remontante.

Il n'existe guère que des données morales sur l'augmentation de produits à laquelle donnerait lieu l'ouverture du canal; pour n'être pas soumises au calcul, elles n'en sont pas moins certaines. La quantité de vin qui passerait sur le canal est déterminée par la consommation de Paris, et l'augmentation de la population le long de la Loire développerait peu cette branche de produits; le vin, pouvant se faire partout à la portée du consommateur, emprunterait rarement la voie du canal. Il n'en est pas ainsi de la houille; sur le produit de 2,067,704 fr. auquel nous sommes arrivés, elle est certainement comprise pour 1,400,000 fr. au moins, et cette consommation est susceptible de tripler en peu d'années; en effet, sans établir aucune comparaison entre le prix et l'usage de la houille et du bois dans le chauffage domestique, sans examiner quelle portion de la consommation de Paris, en bois, qui équivaut déjà à environ 8,000,000 hectol. de houille, pourrait un jour revenir au combustible fossile, il suffit de remarquer le prodigieux développement donné par l'industrie à l'emploi de ce combustible. Il a quintuplé à Paris, depuis la révolution; aujourd'hui même le bassin de la Seine et nos ports de l'Océan sont en très-grande partie alimentés, grâce au vice des communications, par les mines de la Belgique; malgré le prix exorbitant de la houille, les machines à vapeur se multiplient; l'éclairage au gaz hydrogène s'étend; les forges du Cher et de la Nièvre qui, (hors Grossouvre) ne consomment point encore de houille, offrent un immense débouché, sans parler de toutes les industries qui se créeraient sur la ligne du canal.

Les produits de ces industries, les fers, le verre, les poteries, les matériaux, la chaux, employés fait comme castine, soit au constructions, soit à l'engrais des terres, formeraient une nouvelle branche de revenu.

La navigation remontante n'existe pas; mais les sels, les denrées coloniales, le poisson salé, les autres produits du commerce maritime qui viendraient de Nantes; les blés, les farines, les marchandises du bassin de la Seine et du nord qui se rendent dans le centre et le midi de la France, la rendraient considérable: les renseignemens qu'on pourrait recueillir sur les charrois qui se dirigent vers la Saône, la comparaison du prix des transports par l'une ou l'autre ligne, jetteraient un grand jour sur ce qu'on peut attendre de cette branche de revenu.

Enfin, si modique qu'on suppose le produit des irrigations et des chutes d'eau auxquelles le voisinage du canal donnerait un nouveau prix, on ne saurait l'évaluer à une somme inférieure aux frais d'entretien et d'administration du canal que nous avons portés à 636, 000 fr.

La perspective d'une avance infructueuse de capitaux pendant tout le temps que doivent durer de grands travaux est un des motifs qui éloignent le plus des compagnies exécutantes.

Celle-ci se distinguerait sous ce rapport des entreprises ordinaires; au lieu de disséminer les travaux sur des lignes étendues, il faudrait porter successivement tout son effort sur les parties qui présentent le plus de difficultés; et chaque espace devant communiquer avec la Loire, les navigations fluviale et artificielle se feraient valoir réciproquement pendant toute la durée des travaux; et chaque section du canal serait en rapport dès qu'elle serait terminée.

Ainsi sur la section de Saint-Rambert à Roanne qui se subdiviserait elle-même en deux, les dépenses sont le triple de ce qu'elles sont au-dessous. Ce serait la première à ouvrir, et en offrant au commerce un bénéfice assez considérable on pourrait, par l'augmentation d'exportation qui en résulterait immédiatement, percevoir 350,000 fr. de droits qui s'accroîtraient du produit des relations commerciales qui s'établiraient dans le département de la Loire, et de celui des irrigations de la plaine du Forez : l'expérience acquise sur cette ligne d'irrigation, qui aurait environ 36 kilomètres, serait du plus haut prix pour la ligne inférieure à Roanne, qui aurait environ 160 kilomètres. Si ce premier pas fait déterminait l'ouverture du canal de Saint-Étienne à la Loire, le transport par eau étant substitué au transport par terre, il en résulterait une économie qui éleverait le tonnage du canal latéral; et si l'on joignait le Rhône à la Loire par Rive-de-Gier, les rapports qui s'établiraient avec le bassin du Rhône procureraient immédiatement une augmentation de produits qui pourrait s'évaluer par la quantité de bateaux du Rhône qui sont aujourd'hui forcés d'aller chercher le canal du centre pour entrer dans la Loire à Digoin.

En se portant ensuite sur la ligne du Bec-d'Allier à Briare, on ferait remonter jusqu'à Nevers la navigation à grande charge, qui n'est aujourd'hui praticable qu'à Briare ; les marchandises venant de la haute Loire, du canal du centre et de l'Allier, jouiraient dès lors des avantages du canal latéral, et les combinaisons, trop longues à expliquer ici, qui résulteraient de l'ouverture préalable de la ligne de Saint-Rambert à Roanne, imprimeraient dès lors un grand mouvement à la circulation des houilles de Saint-Étienne, du Creusot et de Decise.

La prolongation jusque vis-à-vis Digoin de la ligne arrivée à Roanne établirait la navigation ascendante à la charge de 25 à 33 tonneaux sur tout le cours de la Loire ; les irrigations s'étendraient dès lors sur plus de la moitié des terrains à féconder.

Enfin la ligne de Digoin au Bec-d'Allier terminerait cet ensemble, et l'on naviguerait à pleins bords et dans tout les sens de Marseille à Nantes et à Paris.

Personne ne sent mieux l'imperfection de cet aperçu que celui qui, cherchant à en résoudre les difficultés, a si souvent éprouvé la nécessité d'en aller chercher la solution sur les lieux : tout incomplet qu'il est, il aura du moins l'utilité d'engager quelque autre à faire mieux, et de démontrer ainsi à l'administration concentrée à Paris :

Qu'après avoir établi sur un ensemble de communications qui doit changer la face de la France les principes les plus vrais, les moyens d'exécution les plus sûrs, il ne fallait pas se presser de désespérer du bon sens et de l'activité de la nation qui prenait le temps de mesurer la carrière nouvelle qu'on lui ouvrait, se jeter dans un système dont personne n'a mieux démontré les vices que cette administration elle-même, et constituer notre nation dans un état d'infériorité réelle vis-à-vis de l'Angleterre, tandis que cette infériorité n'existe que dans quelques formes de notre administration;

Que toutes les fois qu'en se conformant à la *marche naturelle des choses*, l'administration fera un appel au patriotisme, aux intérêts bien entendus des Français, elle sera comprise, et que si elle ne l'est pas, c'est pour elle un avis de faire un retour sur elle-même.

La discussion prochaine des chambres donnera sans doute à ces vérités le caractère qui doit les rendre fécondes; elle rassurera l'administration sur le concours de volontés et d'action qu'elle a recherchés avec un zèle et une conviction qui annonçaient plus de persévérance. Quand chaque canal sera étudié, quand les rapports seront établis entre les ingénieurs et les capitalistes, quand ceux qui consacrent leurs veilles et leur fortune aux canaux, pourront en modérer eux-mêmes les dépenses, nous marcherons d'un pas ferme et sûr vers un but qu'on n'atteindra jamais, si toutefois on l'atteint, avec les compagnies financières, qu'à travers des pertes immenses; et si nous devons au rejet du projet de loi ces grandes associations, où tout esprit de parti vient s'éteindre devant les grands intérêts du pays, où toutes les passions s'épurent et s'ennoblissent, où tous les efforts sont honorables et efficaces pour le bien, la session de 1822 aura acquis à la reconnaissance de la nation des droits auxquels ceux qui ne partagent pas les autres vues de la majorité actuelle ne seront assurément pas les derniers à rendre hommage.